FUN READING FRENCH

Fun Reading
FRENCH

Les projets de Cathy

Aujourd'hui, les vacances commencent. Cathy est très contente. L'école ne va pas lui manquer. Deux longs mois l'attendent.

Cathy a beaucoup de projets. Elle veut aller au zoo et jouer avec ses poupées.

Il y a un grand chêne dans le jardin. Cathy est assise en dessous des branches. C'est son endroit préféré. Cathy écoute les oiseaux. Ils chantent tous ensemble. Et au fond des bois, le coucou répète son nom.

Un ruisseau coule près de l'arbre. Cathy met ses pieds dans l'eau. L'eau est très froide. Cathy pense à ses projets.

Soudain, elle entend son père. Il est chauffeur de camion. Il voyage à travers le pays pour transporter des marchandises. Parfois, il part aussi à l'étranger.

Le papa de Cathy raconte souvent des histoires. Il rencontre beaucoup de gens et visite des endroits intéressants. Cathy aime écouter son papa.

"Bonjour, Cathy", dit papa. "Veux-tu m'accompagner demain? Il y a de la place dans le camion. Et tu pourras m'aider."

"C'est vrai, papa? C'est formidable!", dit Cathy.

"Va dormir tôt ce soir", dit papa. "Parce que

nous devons partir à 6 heures du matin
demain. Et nous ne pouvons pas être en
retard.''
''D'accord, je serai prête, papa'', promet Cathy.
''Ne t'en fais pas!''
Cathy est enchantée. Ce voyage en camion
avec son père est une bonne surprise. Les
vacances commencent bien!

Vocabulaire

projet, le	*plan*	chauffeur de camion, le	*lorry driver*
vacances, les	*holidays*	voyager	*to travel*
content	*happy*	pays, le	*country*
manquer	*to miss*	transporter	*to carry*
mois, le	*month*	marchandises, les	*goods*
poupée, la	*doll*		
chêne, le	*oak tree*	à l'étranger	*abroad*
jardin, le	*garden*	histoire, l' (f.)	*story*
en dessous	*under*	rencontrer	*to meet*
endroit, l'(m.)	*place*	accompagner	*to go with*
préféré	*favourite*	place, la	*room*
tous ensemble	*all together*	formidable	*great*
bois, le	*wood*		

coucou, le	*cuckoo*	tôt	*early*
répéter	*to repeat*	en retard	*late*
ruisseau, le	*brook*	s'en faire	*to worry*
couler	*to flow*	enchanté	*delighted*
pied, le	*foot*	combien de temps*	*how long*
froid	*cold*		
penser	*to think*	métier, le*	*job*
soudain	*suddenly*	triste*	*sad*

Questions

1. Combien de temps durent les vacances de Cathy ?
2. Est-ce que l'école va manquer à Cathy ?
3. Quels sont les projets de Cathy ?
4. Où est assise Cathy ?

5. Quel oiseau répète son nom ?
6. Où est-ce que Cathy met les pieds ?
7. Quel est le métier du père de Cathy ?
8. Qu'est-ce que Cathy va faire demain ?
9. Est-ce que Cathy est triste ou contente ?
10. A quelle heure est-ce que Cathy va partir ?
11. Qu'est-ce que Cathy promet ?
12. Est-ce que les vacances commencent bien ?
13. Est-ce que tu as déjà voyagé en camion ?

* = vocabulary from the questions

Le premier voyage

A cinq heures et demie, Cathy se lève. Son père part à six heures et il ne veut pas attendre.

"Comment est-ce que je dois m'habiller?", demande Cathy.

"Quand le soleil brille, il fait très chaud dans le camion. Tu peux mettre un vieux pantalon et un polo", dit papa. "Mais prends aussi un pull pour le soir."

La maman de Cathy prépare un pique-nique: quatre sandwiches, deux pommes et une orange pour chacun.

Papa met le moteur du camion en marche. Avant de monter dans la cabine, Cathy écoute le moteur. Il fait beaucoup de bruit.

Heureusement, dans la cabine du camion Cathy n'entend plus rien.

"A quoi est-ce que ça sert?", demande Cathy. Elle montre une poignée, pendue au plafond.

Papa sourit. Il dit: "Pour savoir à quoi elle sert, il faut la tirer."

Cathy tire la poignée et elle entend le klaxon: "Tuut".

"Je klaxonnerai tous les matins et tous les soirs", dit Cathy. "Tu es d'accord, papa?"

"Bien sûr, Cathy", dit papa en souriant.

Le camion démarre. Cathy pose beaucoup de questions à son père. Elle veut bien connaître le camion.
Papa lui donne des explications. Il dit: "Le camion est puissant. Il transporte de lourdes marchandises et il roule toute la journée. Parfois, le camion roule aussi la nuit."
Cathy écoute son père avec attention.

Vocabulaire

premier	*first*	bruit, le	*noise*
se lever	*to leap out of bed*	heureusement	*fortunately*
		rien	*nothing*
partir	*to leave*	servir	*to be of use*
attendre	*to wait*	montrer	*to point to*
s' habiller	*to dress oneself*	poignée, la	*handle*
		pendue	*hanging*
soleil, le	*sun*	plafond, le	*roof*
briller	*to shine*	tirer	*to pull*
chaud	*hot*	klaxon, le	*hooter*
camion, le	*lorry*	klaxonner	*to hoot*
mettre	*to wear*	matin, le	*morning*
vieux	*old*	démarrer	*to set off*
pantalon, le	*trousers*	poser des questions	*to ask questions*
polo, le	*t-shirt*	explication, l' (f.)	*explanation*
soir, le	*evening*		
préparer	*to prepare*	puissant	*powerful*
pique-nique, le	*packed lunch*	rouler	*to drive*
chacun	*each*	avec attention	*carefully*
mettre en marche	*to start*	vêtements, les*	*clothes*
moteur, le	*engine*	emporter*	*to carry*
monter	*to get into*	conducteur, le*	*driver*
cabine, la	*cab*		

Questions

1. A quelle heure Cathy se lève-t-elle ?
2. Entoure les vêtements que Cathy met.
   - une belle robe
   - un vieux pantalon
   - une jupe
   - un polo
   - un short

3. Pourquoi est-ce que Cathy prend un pull ?
4. Combien de sandwiches a Cathy ?
5. Quels sont les fruits que Cathy emporte ?
6. Comment s'appelle la partie du camion où le conducteur est assis ?
7. Est-ce que le camion fait beaucoup de bruit ?
8. A quoi sert la poignée pendue au plafond ?
9. Qu'est-ce que Cathy fera tous les matins ?
10. Qu'est-ce que papa explique ?

Une mare de lait

"Où est-ce que nous allons?", demande Cathy.
"Nous allons à la laiterie. Aujourd'hui nous
transportons du lait", dit papa.
Voilà l'usine. Les cartons de lait sont déjà
emballés. Pour les charger dans le camion,le
père de Cathy utilisera un élévateur.
Le camion entre dans le dépôt.
Cathy voit tout de suite l'élévateur. Elle
demande à son père: "Je peux conduire
l'élévateur, s'il te plaît, papa?"
"C'est une bonne idée!", dit papa. "Tu verras.
Ce n'est pas difficile."
Cathy s'assied derrière le volant. Elle met le
moteur en marche. L'élévateur avance
lentement. La fourche glisse en dessous des
cartons de lait. Puis, Cathy pousse sur un
bouton rouge et le chargement s'élève à deux
mètres au-dessus du sol.
Cathy est très fière. Elle conduit les cartons de
lait jusqu'au camion. Là, elle descend le
chargement. Elle le dépose à l'arrière du
camion.
"C'est très bien, Cathy", dit papa. "Tu peux
continuer. Moi, je vais au bureau."
Cathy roule toute seule. Elle charge plusieurs
cartons dans le camion.

Maintenant, Cathy roule très vite.

Mais,... attention aux cartons de lait!

Oh! Non! Dans le tournant, les cartons tombent.

Catastrophe!

Voilà une grande mare de lait. Que faire?

Cathy prend un balai, un seau et un torchon.

Elle nettoie tout. Puis, elle charge les derniers

cartons, tout doucement.

Vocabulaire

 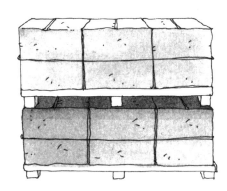 

mare, la	*pool*	bouton, le	*button*
laiterie, la	*dairy*	chargement,	*load*
transporter	*to transport*	le	
usine, l' (f.)	*factory*	s'élever	*to rise*
carton, le	*carton*	sol, le	*ground*
emballer	*to pack*	fier	*proud*
charger	*to load*	déposer	*to put*
élévateur, l'	*forklift truck*	bureau, le	*office*
(m.)		tout seul	*all alone*
entrer	*to come in*	tournant, le	*bend*
dépôt, le	*yard*	tomber	*to fall*
tout de suite	*immediately*	catastrophe	*disaster*
conduire	*to drive*	balai, le	*broom*
volant, le	*wheel*	seau, le	*bucket*
avancer	*to move*	torchon, le	*floorcloth*
	forward	nettoyer	*to clean*
lentement	*slowly*	dernier	*last*
fourche, la	*prongs*	se passer*	*to happen*
glisser	*to slide*	pendant que*	*while*

Questions

1. Où vont Cathy et son père ?
2. Qu'est-ce que Cathy et son père transportent aujourd'hui ?
3. Comment papa chargera-t-il le lait ?
4. Est-ce que Cathy peut conduire l'élévateur ?
5. Qu'est-ce qui se passe quand Cathy pousse sur le bouton ?

6. Où est-ce que Cathy conduit les cartons de lait ?
7. Où va papa pendant que Cathy roule toute seule ?
8. Explique comment les cartons de lait tombent.
9. Qu'est-ce que Cathy utilise pour nettoyer le lait ?
10. Explique comment Cathy charge les derniers cartons de lait.

Le port

Aujourd'hui, Cathy va au port. Son père doit livrer deux grands tracteurs.

L'oncle de Cathy travaille au port. Cathy espère le voir.

Le camion s'arrête près d'un bateau.

Papa parle au capitaine et Cathy regarde les cargos géants.

"Bonjour, Cathy. Comment vas-tu?", dit une voix.

"Oh, bonjour oncle Jean", dit Cathy. "Je suis en vacances et j'aide papa. Je travaille comme lui."

"C'est formidable!", dit oncle Jean. "Moi, je travaille sur ce bateau. Est-ce que tu veux voir l'intérieur?"

"Oh oui!", dit Cathy. "Papa sera sûrement d'accord."

"Nous prendrons le chemin le plus court", dit oncle Jean. Il attend un peu. Une grue descend et ils montent dans la cage métallique. Oncle Jean fait signe au grutier. Il crie: "Tiens bien la rampe, Cathy!"

"Ça va", dit Cathy, "je ne tomberai pas."

Cathy tient fermement la rampe. Ils montent très haut et elle a un peu peur.

Ensuite, ils descendent lentement dans la cale. Ils sont un peu secoués quand ils se posent au sol.

Il fait noir. Oncle Jean allume la lumière. Alors
Cathy voit une pièce immense.
''C'est une cale'', dit oncle Jean. ''Derrière
cette cale, il y en a une autre. Et encore une
autre. Dans ce cargo, il y a quatre cales.''
Cathy et oncle Jean remontent avec la grue.
Cathy court chez son père. Elle lui raconte sa
visite des cales.

Vocabulaire

port, le	*port*	métallique	*metal*
livrer	*to deliver*	faire signe	*to wave*
tracteur, le	*tractor*	grutier, le	*crane-driver*
oncle, l' (m.)	*uncle*	se tenir	*to hold*
travailler	*to work*	tomber	*to fall*
espérer	*to hope*	fermement	*tightly*

s'arrêter	*to stop*	rampe, la	*railing*
près de	*near*	avoir peur	*to be afraid*
bateau, le	*boat*	cale, la	*hold*
cargo, le	*cargo ship*	secouer	*to shake*
géant	*giant*	se poser	*to place*
voix, la	*voice*	sol, le	*ground*
aider	*to help*	noir	*dark*
formidable	*great*	allumer la	*to switch on*
intérieur, l' (m.)	*inside*	lumière	*the light*
être d'accord	*to agree*	pièce, la	*room*
chemin, le	*way*	immense	*enormous*
court	*short*	courir	*to run*
grue, la	*crane*	transporter*	*to transport*
monter	*to climb*	remplacer*	*to substitute*
cage, la	*cage*	expliquer*	*to explain*

Questions

1. Où est-ce que Cathy et son père vont aujourd'hui ?
2. Qu'est-ce que le père de Cathy transporte ?
3. Remplace le mot cargo par un autre mot, dans le texte.
4. Qui est Jean ?
5. Comment Cathy et oncle Jean descendent-ils dans le bateau ?
6. A qui est-ce que oncle Jean fait signe ?

7. Explique ce qu'est une cale.
8. Que se passe-t-il quand Cathy et oncle Jean se posent au sol ?
9. Il fait noir dans la cale. Qu'est-ce que oncle Jean fait alors ?
10. Combien de cales y a-t-il dans ce bateau ?
11. Qu'est-ce que Cathy fait après sa visite des cales ?

Antonio

"Debout, Cathy", dit papa. "Je n'ai pas
entendu le réveil ce matin. Il faut se dépêcher."
Un peu plus tard, Cathy et son père sont dans
le camion. Soudain, Cathy dit: "Papa, nous
avons oublié notre pique-nique."
"Ne t'inquiète pas. Ce midi, nous mangerons
au restaurant", dit papa.
Cathy et son père roulent toute la matinée. A
midi, ils vont dans un restaurant italien.
Cathy choisit une table près de la fenêtre. Le
repas est délicieux. Comme dessert, elle prend
une glace. Son père prend un morceau de
gâteau et une tasse de café.
Cathy regarde le garçon. Il entre et il sort
toujours par la même porte. "C'est sûrement la
porte de la cuisine", pense Cathy. Papa quitte
la table quelques minutes. Cathy en profite pour
aller voir la cuisine.
Le chef-coq est au milieu de la pièce. Il coupe
des légumes avec un grand couteau.
"Bonjour", dit-il. "Tu es ma nouvelle aide.
Bienvenue dans la cuisine d'Antonio. Je suis le
meilleur chef-coq d'Europe. Je vais tout te
montrer."
"Mais... je ne suis pas votre...", dit Cathy.
"Voici les couteaux! Tu laveras les marmites

cinq fois par jour et tu les essuieras avec...'',
continue Antonio.

''Je ne suis pas votre aide. Je suis Cathy. Je
visite votre cuisine'', dit Cathy.

''Oh, excuse-moi'', dit Antonio.

Cathy pense qu'Antonio est très amusant. Mais
maintenant, elle doit rejoindre son père. Elle lui
raconte son aventure en riant.

Vocabulaire

debout	*wake up*	sûrement	*certainly*
réveil, le	*alarm clock*	cuisine, la	*kitchen*
matin, le	*morning*	quitter	*to leave*
se dépêcher	*to hurry*	quelques	*a few*
oublier	*to forget*	en profiter	*to take the*
pique-nique,	*packed lunch*		*opportunity*
le		chef-coq, le	*head cook*
s'inquiéter	*to worry*	pièce, la	*room*
rouler	*to travel*	couper	*to slice*
matinée, la	*morning*	légume, le	*vegetable*

choisir	*to choose*	couteau, le	*knife*
fenêtre, la	*window*	aide, l'	*assistant*
repas, le	*meal*	(m. or f.)	
délicieux	*delicious*	bienvenue	*welcome*
dessert, le	*pudding*	montrer	*to show*
prendre	*to have*	laver	*to wash*
glace, la	*ice cream*	marmite, la	*cooking pot*
morceau, le	*piece*	essuyer	*to dry*
gâteau, le	*cake*	excuse-moi	*I'm sorry*
café, le	*coffee*	amusant	*funny*
garçon (de	*waiter*	rejoindre	*to join*
café), le		en riant	*laughingly*
sortir	*to go out*	cuisinier, le*	*cook*

Questions

1. Pourquoi est-ce que Cathy et son père se dépêchent ?
2. Qu'est-ce que Cathy et papa ont oublié ?
3. Quand Cathy et son père cherchent-ils un restaurant ?
4. Quelle table choisit Cathy ?
5. Par quelle porte entre et sort le garçon ?
6. Est-ce que Cathy choisit le même dessert que son père ?
7. Comment s'appelle le cuisinier ?
8. Qu'est-ce que le cuisinier coupe ?
9. Pourquoi Antonio montre-t-il la cuisine à Cathy ?
10. Qu'est-ce que Cathy pense d'Antonio ?

En route vers l'Allemagne!

Aujourd'hui, Cathy et papa vont en Allemagne. Ils reviendront demain soir.

"Le voyage sera long", dit papa. "Nous devons d'abord faire le plein."

"Mais il est très tôt", dit Cathy. "Est-ce que le pompiste sera déjà là?"

"Je ne pense pas", dit papa en souriant. "Mais nous pouvons utiliser une pompe automatique."

"Comment fonctionne une pompe automatique?", demande Cathy.

"Tu dois introduire des billets ou une carte de banque dans l'appareil. Puis, tu peux te servir", explique papa. "Regarde! Voilà une pompe automatique."

"Est-ce que je peux introduire la carte dans l'appareil?", demande Cathy.

"Bien-sûr, vas-y", répond papa.

Cathy met la carte dans la fente. Puis, son père remplit le réservoir.

"Maintenant, je dois vérifier le niveau d'huile", dit papa. "C'est un travail difficile. Tu ne peux pas m'aider."

"Je peux nettoyer les vitres", propose Cathy. "Ainsi, tu verras mieux la route."

"C'est une bonne idée! Tu peux les nettoyer à l'intérieur et à l'extérieur", dit papa.

"Quel travail!", s'écrie Cathy. "Mais je suis
contente de t'aider."
Une demi-heure plus tard, Cathy et son père
sont prêts. Papa met le moteur en marche et le
camion démarre.
"En route vers l'Allemagne!", s'écrie Cathy.
Papa commence à siffler et Cathy chante.
Quel beau voyage!

Vocabulaire

en route	on the way	essence, l' (f.)	petrol
revenir	to come back	remplir	to fill up
d'abord	first	réservoir, le	tank
faire le plein	to fill up (with petrol)	vérifier	to check
tôt	early	niveau d'huile, le	oil level
pompiste, le	attendant	travail, le	work
déjà	already	nettoyer	to clean
penser	to think	vitre, la	window
sourire	to smile	proposer	to suggest
utiliser	to use	route, la	road
pompe, la	pump	intérieur	inside
automatique	automatic	extérieur	outside
fonctionner	to work	s'écrier	to exclaim
introduire	to introduce	plus tard	later
billet, le	bank-note	moteur, le	engine
carte, la	card	démarrer	to set off
banque, la	bank	siffler	to whistle
appareil, l' (m.)	machine	pays, le*	country
se servir	to help oneself	combien de temps*	how long
vas-y	go ahead	partir*	to leave
fente, la	slot	en roulant*	travelling

Questions

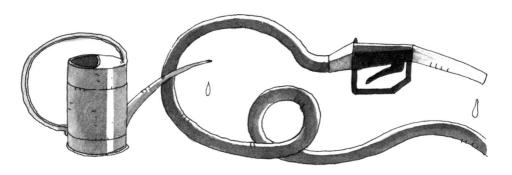

1. Dans quel pays vont Cathy et son père?
2. Qu'est-ce que Cathy et son père vont faire avant de partir?
3. Comment fonctionne une pompe automatique?
4. Qui remplit le réservoir d'essence?
5. Qu'est-ce que papa vérifie un peu plus tard?
6. Qu'est-ce que Cathy fait pour aider son père?
7. Explique pourquoi Cathy nettoie les vitres?
8. Qu'est-ce que Cathy et papa font en roulant?

Hercule

Cathy réfléchit. Soudain, elle demande: "Papa, est-ce que ton camion a déjà un nom?"

"Non, il n'a pas de nom", répond papa. "Mais nous pouvons l'appeler Hercule."

"Hercule? C'est un nom bizarre", dit Cathy.

"Hercule vivait à Rome, en Italie, il y a très longtemps. Il était très fort et il a exécuté douze travaux très difficiles."

"Ton camion est fort aussi. Tu peux vraiment l'appeler Hercule", dit Cathy.

"Regarde! Nous arrivons à la frontière. Voilà la douane", dit papa.

"Bonjour", dit le douanier. "Qu'est-ce que vous transportez?"

"Bonjour monsieur. Nous transportons du chocolat", répond papa. "Voici ma fille, Cathy. Elle voyage avec moi pendant les vacances. Elle m'aide beaucoup."

"Vous avez de la chance", dit le douanier. "Pouvez-vous me montrer vos cartes d'identité, s'il vous plaît?"

"Bien sûr! Les voici!", dit papa.

Le douanier regarde les cartes d'identité avec attention. Puis il regarde le père de Cathy.

"Ce n'est pas votre carte d'identité", dit le douanier. "Je vois la photo d'un homme qui

porte une barbe, une moustache et des
lunettes. Il ne vous ressemble pas.''
''J'ai rasé ma barbe et ma moustache. Et je
porte des verres de contact'', dit papa.
''Je vous crois. Mais vous devez changer votre
photo'', dit le douanier.
''D'accord!'',dit papa. ''A bientôt!''
''A bientôt, bon voyage'', dit le douanier.

Vocabulaire

réfléchir	*to think*	voyager	*to travel*
soudain	*suddenly*	vacances, les	*holidays*
déjà	*already*	aider	*to help*
nom, le	*name*	avoir de la	*to be lucky*
répondre	*to answer*	chance	
appeler	*to name*	montrer	*to show*
bizarre	*strange*	carte	*passport*
vivre	*to live*	d'identité, la	
il y a	*a long time*	avec attention	*carefully*
longtemps	*ago*	photo, la	*photo*
fort	*strong*	porter	*to wear*
exécuter	*to execute*	barbe, la	*beard*
douze	*twelve*	moustache, la	*moustache*
travail, le	*job*	lunettes, les	*glasses*
aussi	*too*	ressembler	*to resemble*
vraiment	*really*	raser	*to shave*
arriver	*to arrive*	verre de	*contact lense*
frontière, la	*border*	contact, le	

douane, la	*customs*	croire	*to believe*
douanier, le	*customs officer*	changer	*to change*
transporter	*to transport*	à bientôt	*see you soon*
chocolat, le	*chocolate*	expliquer*	*to explain*
fille, la	*daughter*	se trouver*	*to be*
		souhaiter*	*to wish*

Questions

1. Comment s'appelle le camion maintenant?
2. Qui était Hercule?
3. Explique pourquoi Cathy pense que "Hercule" est un bon nom.
4. Qui se trouve à la douane?

5. Qu'est-ce que papa et Cathy transportent?
6. Qu'est-ce que le douanier veut voir?
7. Explique pourquoi le douanier regarde le père de Cathy avec attention.
8. Est-ce que le papa de Cathy porte une barbe aujourd'hui?
9. Pourquoi papa n'a-t-il pas de lunettes?
10. Qu'est-ce que le papa de Cathy doit faire?
11. Qu'est-ce que le douanier souhaite à Cathy et à son père?

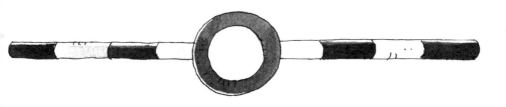

La signature de Cathy

Cathy et son père arrivent à destination. Ils livrent le chocolat à l'usine. Puis, ils boivent un jus d'orange à la terrasse d'un café.

"Regarde de l'autre côté de la rue. C'est notre hôtel!", dit papa.

"Est-ce que je peux nous inscrire?", demande Cathy.

"D'accord", répond papa. "Moi, je vais vérifier les freins d'Hercule. A tout à l'heure."

"Bonjour madame. Est-ce que vous avez une chambre libre pour deux personnes, s'il vous plaît?", demande Cathy.

"Oui, bien sûr. Comment est-ce que tu t'appelles?", demande la réceptionniste.

"Je m'appelle Cathy Dupont."

"Signe ici."

"Je ne comprends pas. Qu'est-ce que vous voulez dire?", dit Cathy.

"Signer signifie écrire sa signature. Ou son nom, si tu préfères. Tu sais écrire ton nom, n'est-ce pas?"

Cathy écrit son nom dans le cahier.

Papa retrouve Cathy à la réception.

"Viens, Cathy", dit-il. "Nous allons nous promener dans la ville pour trouver un restaurant."

"Nous avons un très bon restaurant ici", dit la réceptionniste de l'hôtel. "Le dîner est toujours délicieux."

"C'est bien", dit papa. "Nous montons dans la chambre pour nous laver. Nous descendrons manger à sept heures."

"Et notre promenade?", demande Cathy.

"Après le dîner. C'est promis", dit papa.

Vocabulaire

signature, la	*signature*	vouloir dire	*to mean*
à destination	*at destination*	signifier	*to mean*
livrer	*to deliver*	préférer	*to prefer*
usine, l'(f.)	*factory*	n'est-ce pas	*don't you*
boire	*to drink*	retrouver	*to join*
jus, le	*juice*	se promener	*to walk*
café, le	*café*	ville, la	*town*
côté, le	*side*	trouver	*to find*
rue,la	*street*	dîner, le	*dinner*
s'inscrire	*to book in*	toujours	*always*
vérifier	*to check*	délicieux	*delicious*
frein, le	*brake*	monter	*to go up*
à tout à l'heure	*see you soon*	se laver	*to wash oneself*
chambre, la	*room*	descendre	*to come down*
libre	*free*		
s'appeler	*to name*	manger	*to eat*
réceptionniste, la	*lady of the reception*	promenade, la	*walk*
		promis	*promised*
signer	*to sign*	tout de suite*	*immediately*
comprendre	*to understand*	avoir peur*	*to be afraid*

Questions

1. Où est-ce que Cathy et son père boivent un jus d'orange ?
2. Où est-ce que tu dois t'inscrire, dans un hôtel ?
3. Qu'est-ce que Cathy demande à son père ?
4. A la réception, Cathy demande:
   - une chambre pour deux personnes
   - une chambre à un lit
   - deux chambres
5. Qu'est-ce que la réceptionniste demande à Cathy ?
6. Pourquoi est-ce que Cathy ne signe pas tout de suite ?
   - elle ne sait pas écrire
   - elle a peur de signer
   - elle ne comprend pas le mot: ''signer''

L'accident

Cathy et son père retournent en France. Dans
la cabine du camion, Cathy bavarde. Elle est
contente. Ce soir, elle racontera ses aventures
à sa maman.
Soudain, Cathy s'arrête de parler. Elle voit une
voiture. La voiture sort d'une petite rue.
Un bruit assourdissant... puis c'est le silence.
Deux voitures se sont embouties. Cathy et son
père ont tout vu.
''Vite, c'est un accident! Nous devons aider les
passagers'', dit Cathy.
Papa arrête le camion.
Cathy court vers une voiture. Le conducteur est
couché sur le volant. Il est très pâle.
Les autres passagers ne sont pas blessés.
''Cathy, regarde! Voilà une cabine téléphonique.
Appelle une ambulance'', dit papa.
Cathy connaît le numéro de téléphone par
cœur. Elle l'a appris à l'école.
''Allo! C'est urgent. Il y a eu un accident place
Jean Vilar. Il faut envoyer une ambulance.''
''Nous arrivons'', entend Cathy.
Voilà déjà l'ambulance et une voiture de police.
L'ambulancier dépose le blessé sur une civière,
puis dans l'ambulance. Les policiers enlèvent
les voitures. Un policier vient vers Cathy. Il

demande: "Bonjour! Est-ce que c'est toi qui a appelé l'ambulance?"

"Oui, monsieur", répond Cathy.

"Alors, tu as vu l'accident", dit le policier. "Tu es un témoin. Tu devras venir au commissariat de police et raconter ce que tu as vu."

Cathy et son père vont au commissariat. Puis ils retournent lentement à la maison.

Vocabulaire

accident, l' (m.)	accident	être blessé	to be hurt
		appeler	to call
retourner	to return	connaître	to know
cabine, la	cab	numéro, le	number
bavarder	to chat	par cœur	by heart
content	happy	urgent	urgent
soir, le	evening	il faut	it is necessary
arrêter	to stop	envoyer	to send
parler	to talk	déjà	already
sortir	to come out	déposer	to put
rue, la	street	civière, la	stretcher
bruit, le	noise	policier, le	policeman
assourdissant	deafening	enlever	to take away
s'emboutir	to run into each other	témoin, le	witness
		commissariat de police, le	police station
vite	quick		
passager, le	passenger	lentement	slowly
courir	to run	entourer*	to circle

conducteur, le	driver	phrase, la*	sentence
se coucher	to lie	téléphoner*	to telephone
volant, le	wheel	s'appeler*	to call
pâle	white	avant*	before

Questions

1. Où est-ce que Cathy et son père retournent ?
2. A qui est-ce que Cathy racontera ses aventures ?
3. Cathy voit une voiture. D'où est-ce qu'elle sort ?
4. Entoure la bonne phrase.
    - La mère de Cathy a vu l'accident.
    - Cathy et son père ont vu l'accident.
    - Le policier a vu l'accident.
5. Est-ce que les passagers sont blessés ?

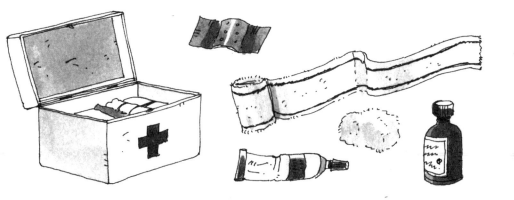

6. Explique pourquoi Cathy téléphone.
7. Où est-ce que Cathy a vu l'accident ?
8. Est-ce que tu connais le numéro de téléphone de l'ambulance ?
9. Explique ce que l'ambulancier fait.
10. Comment s'appelle une personne qui a vu un accident ?
11. Où vont Cathy et son père avant de retourner à la maison ?

Hercule parle

Les vacances sont presque finies. Cathy est contente. Demain, elle retrouvera ses amis et elle aura une nouvelle institutrice.
Mais, Cathy est aussi triste. La fin des vacances signifie la fin des voyages avec Hercule. Et Hercule est son meilleur ami.
Cathy va dire au revoir à Hercule. Quand elle est tout près de lui, le moteur se met en marche.
C'est incroyable! Papa n'est pas dans la cabine. La portière s'ouvre doucement.
"Hercule! Tu veux m'inviter?", demande Cathy.
"Tuut! Tuut!"
Cathy est étonnée. Mais elle monte dans le camion. La portière se ferme. Hercule démarre doucement. Cathy voit les maisons de la rue défiler.
Oh! Non! Dans le virage, Hercule continue tout droit. Il fonce sur une grande maison blanche. Cathy a peur. Elle ferme les yeux.
C'est étrange! Cathy n'entend rien.
Deux secondes plus tard, elle ouvre les yeux. Hercule s'est arrêté. Il n'y a pas eu d'accident. Le camion se trouve à quelques centimètres de la maison.
"Ah! Ah! C'était une bonne blague", dit le camion.

"Hercule!", crie Cathy. "J'ai eu peur. Ne recommence jamais... plus jamais."
"Cathy, réveille-toi. Tout va bien", dit maman gentiment. "Tu as fait un mauvais rêve."
"Quel rêve bizarre! Quel rêve bizarre!" répète Cathy en se réveillant.
"Mais oui! Maintenant les vacances sont vraiment terminées", dit maman en riant.

Vocabulaire

presque	*almost*	virage, le	*bend*
être fini	*to be over*	tout droit	*straight on*
content	*happy*	foncer	*to head*
retrouver	*to meet again*	avoir peur	*to be afraid*
nouveau	*new*	fermer	*to close*
institutrice,	*teacher*	yeux, les	*eyes*
l' (f.)		s'arrêter	*to stop*
triste	*sad*	se trouver	*to stand*
signifier	*to mean*	centimètre, le	*centimetre*

 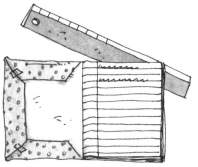

voyage, le	*travel*	blague, la	*joke*
au revoir	*goodbye*	recommencer	*to do again*
moteur, le	*engine*	jamais	*never*
se mettre en marche	*to start*	se réveiller	*to wake up*
		gentiment	*gently*
incroyable	*incredible*	rêve, le	*dream*
portière, la	*door*	répéter	*to repeat*
ouvrir	*to open*	en riant	*laughingly*
doucement	*slowly*	retourner*	*to go back*
étonné	*surprised*	entourer*	*to circle*
démarrer	*to move off*	phrase, la*	*sentence*
défiler	*to succeed each other*	expliquer*	*to explain*
		se passer*	*to happen*

Questions

1. Est-ce que Cathy veut retourner à l'école ? Explique pourquoi.
2. Qui est le meilleur ami de Cathy ?
3. Entoure la bonne phrase.
   - Papa met le moteur de Hercule en marche.
   - Hercule démarre tout seul.
4. Comment est-ce que le camion répond à Cathy ?
5. Explique pourquoi Cathy est étonnée.
6. Qu'est-ce qui se passe dans le virage ?
7. Explique pourquoi Cathy ferme les yeux.
8. Qui dit: ''C'était une bonne blague'' ?
9. Qui réveille Cathy ?
10. Explique comment Hercule peut parler.